yukismart.com/b/659e73
AF365072
1
2

Baby

մանուկ

manowk

Junge

տղա

tła

Freunde

ընկերներ

ənkerner

Mädchen

աղջիկ

ałjik

lächeln

ժպտալ

žptal

weinen

լացել

lac el

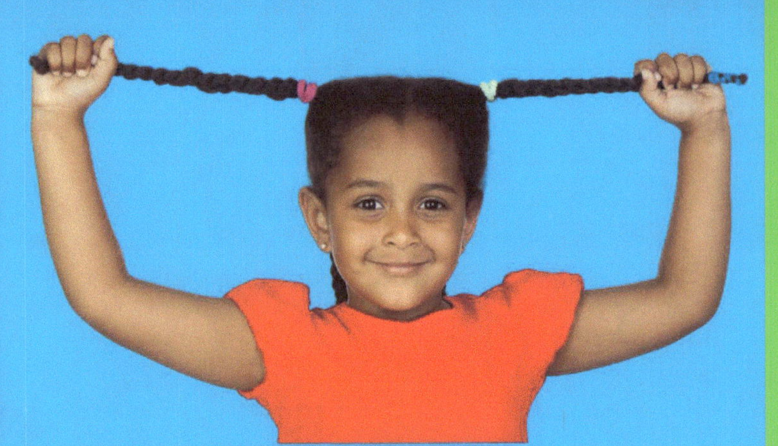

Haare

մազեր

mazer

Auge

աչք

ač k

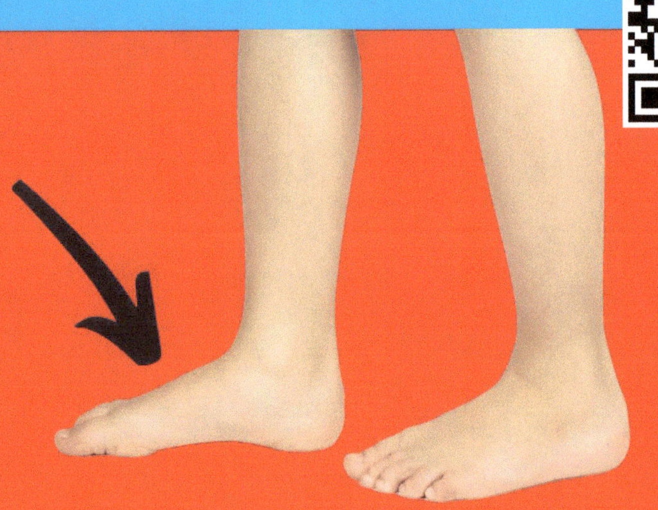

Fuß

ոտնաթաթ

otk

Hand

ձեռք

je k

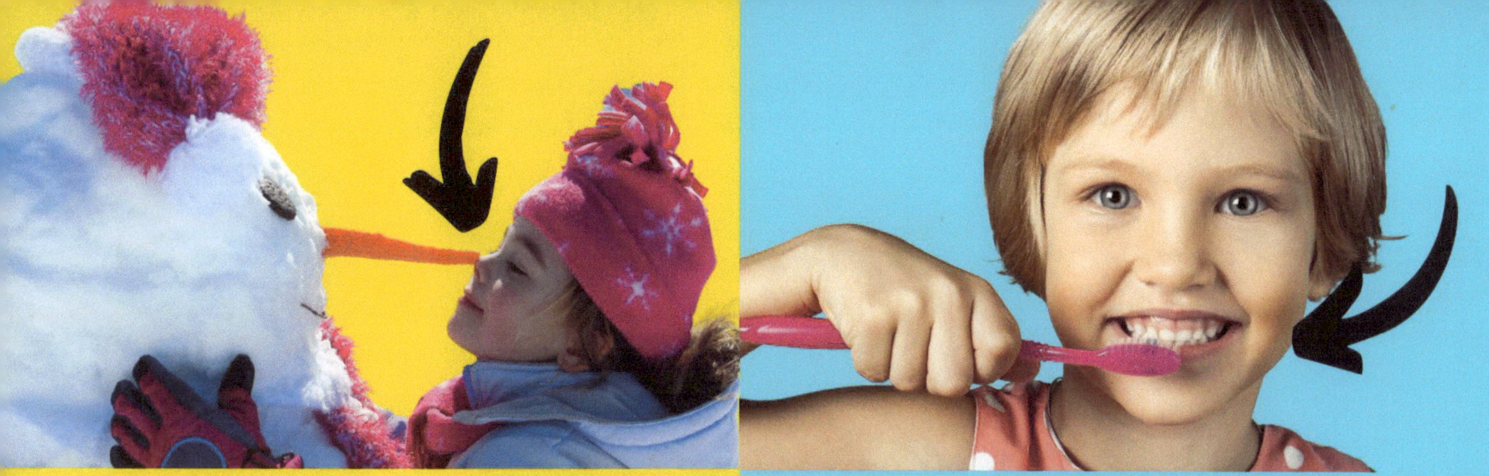

Nase

** քիթ**
k it

Zähne

ատամներ
atamner

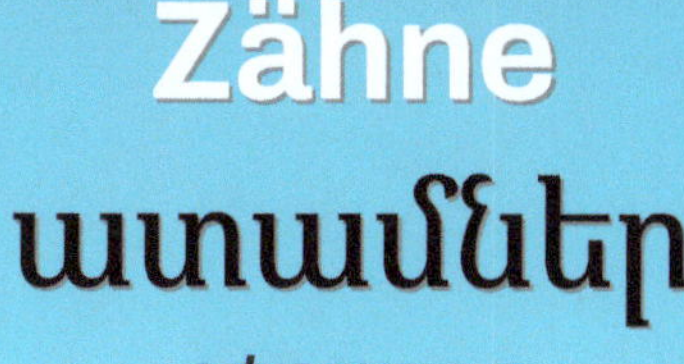

Ohr

ականջ
akanǰ

Zunge

լեզու
lezow

Sonne

արև

arEV

Mond

լուսին

lowsin

Stern

աստղ

astł

Baum

ծառ

ca

Vogel

թռչուն

t č own

Mantel

վերարկու
verarkow

Hose

տաբատ
tabat

Kleid

զգեստ

zgest

Schuhe

կոշիկներ

košikner

rot

կարմիր

karmir

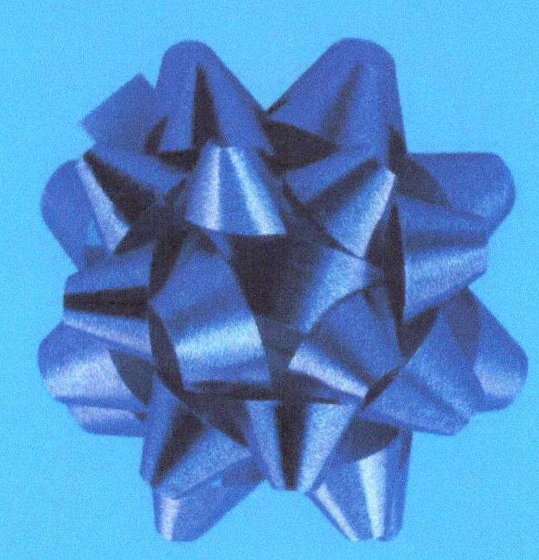

blau

կապույտ

kapowyt

gelb

դեղին

dełin

rosa

վարդագույն

vardagowyn

weiß

սպիտակ

spitak

grün

կանաչ

kanač

schwarz

սև

sEV

bunt
բազմագույն
bazmagowyn

Regenbogen

ծիածան
ciacan

Apfel

խնձոր

xnjor

Banane

բանան

banan

Tomate

լոլիկ

lolik

Orange

նարինջ

narinǰ

Karotte

գազար

gazar

Erbsen

ոլոռ

olo

Kartoffel

կարտոֆիլ

kartofil

Mais

եգիպտացորեն

egiptac oren

Zitrone

լիմոն

limon

Weintrauben

խաղող

xałoł

Birne

տանձ

tanj

Wassermelone

ձմերուկ

jmerowk

Zucchini

դդմիկ

ddmik

Ei

ձու

jow

Pilz

սունկ

sownk

Quadrat

քառակուսի
k a akowsi

Kreis

շրջան
šrǰan

Rechteck

ուղղանկյուն

owłłankyown

Dreieck

եռանկյուն

e ankyown

Katze

կատու
katow

Hund

շուն
šown

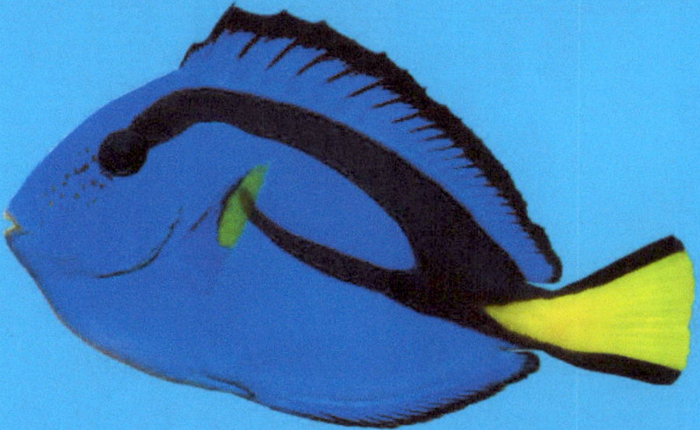

Fisch

ձուկ
jowk

Kuh

կով
kov

Ente

բադ
bad

Küken

ճուտ
čowt

Henne

հավ
hav

Frosch

գորտ

gort

Schwein

խոզ

xoz

Hase

ճագար

čagar

Maus

մուկ

mowk

Pferd
ձի
ji

Schaf
ոչխար
oč xar

Blume

ծաղիկ

całik

Schmetterling

թիթեռ

t it e

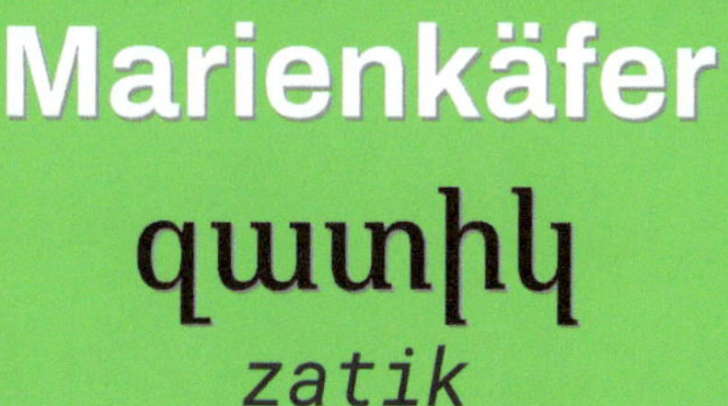

Marienkäfer

զատիկ

zatik

Schnecke

խխունջ

xxownǰ

Kuchen

տորթ
t xvack

Brot

հաց

hac

Uhr

ժամացույց

žamac owyc

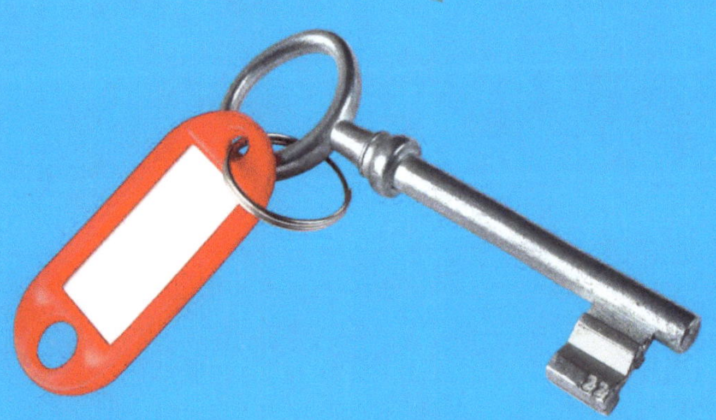

Schlüssel

բանալի

banali

Buch

գիրք

girk

Ball

գնդակ

gndak

Tisch

սեղան

sełan

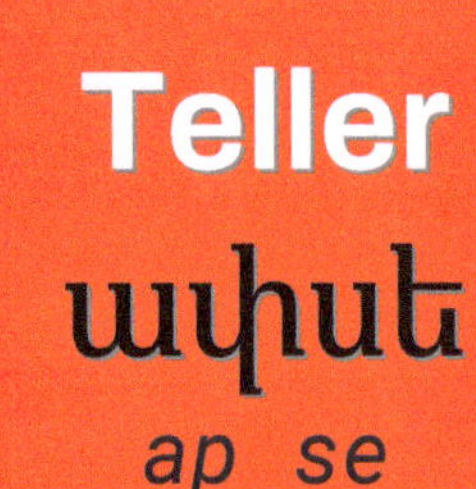

Teller

ափսե

ap se

Stuhl

աթոռ

at o

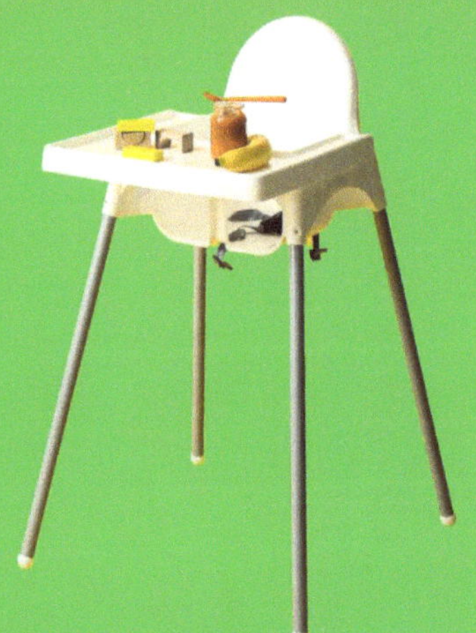

Hochstuhl

կերակրասեղան

kerakrasełan

Gabel

պատառաքաղ

pata ak ał

Messer

դանակ

danak

Löffel

գդալ

gdal

Tasse

բաժակ

bažak

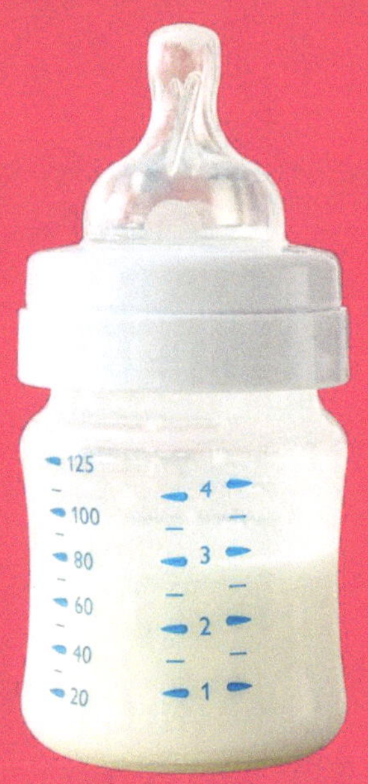

Babyflasche

կերակրման շիշ
kerakrman šiš

Glas

բաժակ
bažak

Bett

մահճակալ

mahčakal

Krippe

օրորոց

mankakan ōroroc

Teddybär

խաղալիք արջուկ

xałalik arǰowk

Schnuller

ծծակ

ccak

Handtuch

սրբիչ

srbič

Waschbecken

լվացարան

lvac aran

Zahnbürste

ատամի խոզանակ

atami xozanak

Seife

օճառ

ōča

Toilette

զուգարանակոնք

zowgaranakonk

Töpfchen

գիշերանոթ

gišeranot

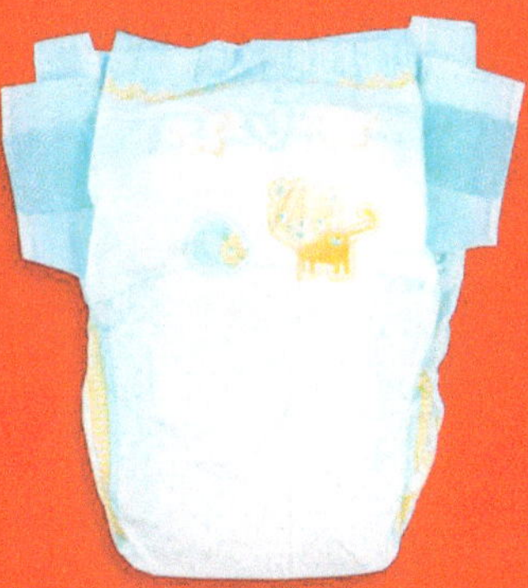

Windel

տակդիր

takdir

Auto

ավտոմեքենա

avtomek ena

Fahrrad

Հեծանիվ

hecaniv

Flugzeug

ինքնաթիռ

ink nat i

Boot

նավ

nav

Feuerwehrauto

Հրշեջ մեքենա

hršeǰ mek ena

Zug

գնացք

gnac k

Spielzeuge

խաղալիքներ
xałalik ner